BÜLENT İPLİKÇİOĞLU – GÜLER ÇELGİN – A. VEDAT ÇELGİN

NEUE INSCHRIFTEN AUS NORD-LYKIEN I

ÖSTERREICHISCHE AKADEMIE DER WISSENSCHAFTEN
PHILOSOPHISCH-HISTORISCHE KLASSE
SITZUNGSBERICHTE, 584. BAND

VERÖFFENTLICHUNGEN DER KLEINASIATISCHEN KOMMISSION

BAND 3

Herausgegeben von

GERHARD DOBESCH

VERLAG
DER ÖSTERREICHISCHEN AKADEMIE DER WISSENSCHAFTEN
WIEN 1992

ÖSTERREICHISCHE AKADEMIE DER WISSENSCHAFTEN
PHILOSOPHISCH-HISTORISCHE KLASSE
SITZUNGSBERICHTE, 584. BAND

BÜLENT İPLİKÇİOĞLU
GÜLER ÇELGİN und A. VEDAT ÇELGİN

Neue Inschriften aus Nord-Lykien I

MIT 10 FACSIMILIA, 26 PHOTOS UND EINER KARTE

VERLAG
DER ÖSTERREICHISCHEN AKADEMIE DER WISSENSCHAFTEN
WIEN 1992

Vorgelegt von w. M. GERHARD DOBESCH
in der Sitzung am 19. Juni 1991

ISBN 3-7001-1950-X

Herstellung: Camera ready copy
Druck: F. Seitenberg Ges. m. b. H., 1050 Wien

INHALTSVERZEICHNIS

VORWORT DES HERAUSGEBERS

Lykien ist einer der ältesten Forschungsbereiche der Kleinasiatischen Kommision der Österreichischen Akademie der Wissenschaften. Als Obmann dieser Kommission begrüße ich es aufs wärmste, daß BÜLENT İPLIKÇIOĞLU von der Marmara-Universität in Istanbul seit 1990 in Nord-Lykien nach neuen Inschriften sucht, an denen der Boden Kleinasiens schier unerschöpflich ist. Ebenso begrüßenswert ist, daß er die von ihm neugefundenen Texte so rasch wie möglich publiziert und damit der Wissenschaft zugänglich macht. Es ist zu hoffen, daß er seine erfolgreichen Forschungen auch 1991 und in den kommenden Jahren fortsetzen kann.

O. Univ.-Prof. Dr. GERHARD DOBESCH

VORBEMERKUNG

Während die Inschriften West- und Ostlykiens in den drei Bänden der *TAM*-Reihe gesammelt sind, stehen für Mittel- und Nordlykien nur ältere oder regional beschränkte Publikationen zur Verfügung. Für die bisherigen wichtigsten epigraphischen bzw. historisch-geographischen Untersuchungen im nördlichen Teil Lykiens mit den heutigen Zentren Elmalı und Korkuteli sei auf folgende Veröffentlichungen verwiesen:

T. A. B. SPRATT - E. FORBES, *Travels in Lycia, Milyas and the Cibyratis.* 2 Bde. London 1847.

W. M. RAMSAY, Notes and Inscriptions from Asia Minor. *AthMitt* 10 (1885) 334-342.

E. PETERSEN - F. VON LUSCHAN, *Reisen im südwestlichen Kleinasien.* Bd. II: *Reisen in Lykien, Milyas und Kibyratis.* Wien 1889.

R. HEBERDEY - E. KALINKA, *Bericht über zwei Reisen im südwestlichen Kleinasien* (Denkschriften der kaiserlichen Akademie der Wissenschaften. Phil.-hist. Classe, 45. Band). Wien 1897.

A. M. WOODWARD - H. A. ORMEROD, A Journey in South-Western Asia Minor. *BSA* 16 (1909-1910) 76-136.

G. E. BEAN, Notes and Inscriptions from the Cibyratis and Caralitis. *BSA* 51 (1956) 136-156.

G. E. BEAN - R. M. HARRISON, Choma in Lycia. *JRS* 57 (1967) 40-44.

G. E. BEAN, The Site of Podalia. *AnzWien* 8 (1968) 157-163.

G. E. BEAN, *Journeys in Northern Lycia 1965-1967* (Österreichische Akademie der Wissenschaften. Phil.-hist. Klasse, Denkschriften, 104. Band, Ergänzungsbände zu den Tituli Asiae Minoris Nr. 4). Wien 1971.

CH. NAOUR, *Tyriaion en Cabalide: épigraphie et géographie historique* (Studia Amstelodamensia ad epigraphicam, ius antiquum et papyrologicam pertinentia, 20). Zutphen 1980.

Der Umstand, daß bisher nur punktuelle Evidenz vorliegt und umfassende Forschungsarbeiten fehlen, legte den Gedanken nahe, in diesem Gebiet eine systematische epigraphische, historisch-geographische Untersuchung durchzuführen, damit Fragen betreffend die Siedlungsgeschichte besser beantwortet werden können. Die Auffindung der im folgenden vorgelegten Inschriften wird einer von uns im Sommer 1990 zu diesem Zweck in Angriff genommenen Survey-Arbeit in Nord-Lykien verdankt, deren Schwergewicht im Verwaltungsbezirk Elmalı lag. Vorliegende Publikation soll auch dem von uns im Auftrag der Kleinasiatischen Kommission der Österr. Akademie der Wissenschaften geplanten Projekt zur Vorbereitung des *TAM*-Bandes II, 5 dienen, der die Inschriften des nördlichen lykischen Bereiches mit den heutigen Zentren Elmalı und Korkuteli umfassen wird.

Es ist uns eine Ehre, daß wir unsere Kenntnisse und unsere Energie auch diesmal in den Dienst der Kleinasiatischen Kommission der Österr. Akademie der Wissenschaften stellen können, ohne deren finanzielle Unterstützung das Projekt nicht durchführbar wäre. Dem Vizepräsidenten der Österr. Akademie der Wissenschaften, Herrn Univ.-Prof. Dr. HERMANN VETTERS, und dem Obmann der Kleinasiatischen Kommission, Herrn Univ.-Prof. Dr. GERHARD DOBESCH, sind wir für ihr großzügiges Entgegenkommen zu tiefem Dank verpflichtet. Unser Dank gilt ferner Herrn Univ.-Prof. Dr. DIETER KNIBBE (Wien) für mancherlei freigiebig gewährten guten Rat bei der Auswertung der Texte, Herrn Univ.-Prof. Dr. HAKKI DURSUN YILDIZ, Dekan der Natur- und Geisteswissenschaftlichen Fakultät der Marmara-Universität in Istanbul, der uns ein Geländeauto zur Verfügung gestellt hat, Herrn Univ.-Prof. Dr. GÜNTER NEUMANN (Würzburg) für wertvolle Hinweise betreffend einige im vorgelegten Material erscheinende epichorische Namen (er hat sich in begrüßenswerter Weise bereit erklärt, zusammenfassend für die ersten beiden Jahre in einem Beitrag zu all diesen Namen im Lichte der Sprachwissenschaft Stellung zu nehmen, wenn wir ebenfalls 1991 neue Inschriften mit kleinasiatischen Namen aus Nord-Lykien haben), Herrn KAYHAN DÖRTLÜK, Direktor des Museums von Antalya, für die Gewährung von Quartier im Museumsgebäude in Elmalı und für die Publikationserlaubnis der Texte Nr. 2, 4 - 6, Herrn Dr. GEORG REHRENBÖCK (Wien) für die wertvolle Redaktionsarbeit, Frau Mag. MELISA ORHON (İstanbul), die uns auf der Forschungsreise mit großer Hingabe unterstützt und die Zeichnungen der hier vorgelegten Inschriften angefertigt hat, und Herrn MUSTAFA ŞENEL, Wächter der Ruinen im Verwaltungsbezirk Elmalı, der uns in und bei Elmalı in jeder Hinsicht unterstützt und zur Auffindung der Texte sehr viel beigetragen hat. Gedankt sei schließlich der Türkischen Generaldirektion für Altertümer und Museen für die Gewährung der Forschungsgenehmigung.

BÜLENT İPLİKÇİOĞLU

INSCHRIFTEN

1 MILIARIVM MIT EHRENINSCHRIFT FÜR DIE KAISER
VALERIANVS UND GALLIENVS
(Inv.-Nr. 009)
Facs. 1; *Photos* 1-3

FO: im Bauhof einer Talsperre am Çaybogazı beim Dorf Kapaklı ca. 3.5 km südöstlich von Gömbe, etwa 40 km südwestlich von Elmalı; der Stein wurde sehr wahrscheinlich durch den Fluß vom höher liegenden antiken Komba heruntergeschwemmt.

H: 1.10 m; DM: 0.43 m; BH: 0.029-0.069 m

Kalkstein, oben abgebrochen, kleinere Brüche an verschiedenen Stellen. Abklatsch.

Αὐτοκράτορσιν
2 [Κ]αίσαρσιν Πουβλίῳ
Λικιννίῳ
4 Οὐαλεριανῷ τὸ αʹ

καὶ Πουβλίῳ Λικιννίῳ
6　Γαλλιηνῷ τὸ α΄
　　εὐσεβέσιν εὐτυχέ-
8　σιν Σεβαστοῖς.

τὸ α΄ nach Οὐαλεριανῷ und Γαλλιηνῷ Z. 4 und 6 kann am ehesten als Hinweis auf das erste Regierungsjahr der Kaiser verstanden werden[1]. Man vermißt eine Entfernungsangabe bzw. Ordnungszahl; möglicherweise ging diese mit der Basis des Meilensteines verloren.

2 BRIEF DES PRÄFEKTEN
VALERIVS EUETHIOS AN DEN PROOIKOS KILIORTES
(Inv.-Nr. 008/II)
Facs. 2 (rechts); *Photos* 4-5

FO: in einem Feld in der Söbüova westsüdwestlich des Dorfes Ovacık ca. 41 km ostnordöstlich von Elmalı; der Stein liegt verkehrt (in sekundärer Verwendung) noch in der Erde; in der Umgebung Spuren einer alten Siedlung.

H: 0.50 m; B: 2.20 m; D: 0.71 m; BH: 0.023-0.038 m

Sockel (oder Podium?) aus Kalkstein, oben Profil, in der Mitte der Vorderseite ein abgerundeter Vorsprung, links und rechts desselben Inschriften (links: Nr. 4 [siehe unten]; rechts: Nr. 2), Zeilen vorgerissen, Teile vom unteren Rand und dem in der Mitte befindlichen Vorsprung abgebrochen, zwei kleine Löcher am rechten Rand. Abklatsch.

Οὐαλ(έριος) Εὐήθιος ἔπαρχος Κιλιορτη
2　προοίκῳ κώμης Α...εων χαίρειν·
　　ἐπειδὴ πυνθάνομαι ἐκ τοῦ συστήματ[ος]
4　τῶν ἐπιπολασάντων Τητερμησέων
　　Ῥαληστων ὑπολελῖφθαι .[ca. 13]
6　τὴν ἀποικίαν καὶ ΠΕΠ.[ca. 16]
　　διὰ τοῦ συνλημφθῆ[ναι ca. 16]
8　[...].[..]......[ca. 19]

---

[1]　Gallienus wurde vor dem 22. Okt. 253 zum Augustus erhoben; vgl. KIENAST, *Kaisertabelle* 212 ff. und 215 ff. Zu einer Ehreninschrift für Valerianus den Jüngeren aus Komba (zwischen 256-258 n.Chr.) vgl. *TAM* II,3 Nr. 734.

1 Zu Oὐαλ(έριος) Eὐήθιος vgl. JONES-MARTINDALE-MORRIS 291[2]. ἔπαρχος ist *praefectus Orientis*; wenn obiger Brief gleichzeitig mit unserer Nr. 4 (s. unten) verfaßt worden ist[3], fällt seine Entstehung zwischen 324 und 337[4]. Zu Kιλιορτης vgl. auch unten Nr. 4; er hieß mit vollem Namen Mᾶρ(κος) Aὐρ(ήλιος) Kιλιορτης.

2 Zu πρόοικος ('Dorfvorsteher'?) vgl. J. G. C. ANDERSON, *JHS* 19 (1899) 298 Nr. 218 f. (Galatia) und *SEG* II (1924) 747 (Pisidia).

Auf Grund des wenigen Erhaltenen ist nur mit Vorbehalt möglich, eine Deutung zu versuchen. Das Wort σύστημα kann jegliche Art von Organisation bedeuten. Determinierend dafür, welcher Art das σύστημα ... Tητερμησέων 'PαλησTων[5] war, ist Tῶν ἐπιπολασάντων. Sieht man bei LIDDELL-SCOTT nach, so finden sich unter den zahlreichen Belegen für metaphorischen Gebrauch auch Belege für die Bedeutung "to be 'uppish' or insolent" (II. 4)[6]. Die Bandbreite reicht also von "anmaßend" bis evtl. "gewalttätig"; man wird daher nicht unbedingt an Räuber oder Aufständische denken, sondern wohl eher an eine Gruppe, die sich anmaßend über die bestehende Ordnung hinweggesetzt hat. Der Ausdruck σύστημα ist hier also in abschätzigem Sinne gebraucht, im Deutschen etwa "die Bande", und im weiteren ist von Festnahme die Rede (vgl. Z. 7). Man könnte folgende Übersetzung des Textes vorschlagen:
"*Der Präfekt Valerius Euethios an Kiliortes, den Vorsteher des Dorfes der A...eis. Da ich erfahre, daß von der Bande der unverschämt gewordenen Tetermeseis Rhalestoi(-ai) ... zurückgeblieben sind ... die Apoikia ...*[7] *wegen der Festnahme ...*"

---

2 302-304 n.Chr. war er *v.p., rationalis (Aegypti)*.
3 Dafür spricht derselbe Schriftcharakter.
4 Zu dieser Datierung vgl. unten zu Nr. 4.
5 Leider läßt das zweiteilige Ethnikon nur bedingte Rückschlüsse auf den Namen des Ortes zu.
6 Von ἐπιπολαστικός wird sogar ein Adverb ἐπιπολαστικῶς = "violently" gebildet.
7 Mit ΠEΠ in Z. 6 könnte eine Perfektform von πέμπειν beginnen ("und daß Leute geschickt worden sind"); dann wäre Subjektswechsel anzunehmen.

3 TOTENEHRUNG FÜR ARTIMAS
DURCH SEINEN VATER HERMAIOS, SOHN DES ARTIMAS
(Inv.-Nr. 021)
Photos 6-7

FO: am Hügel Aytaş ca. 1 km nordwestlich vom Dorf İslâmlar (= ehem. Derebogaz) 18 km südwestlich von Elmalı.

H: 0.15 m (Inschriftfeld); B: 0.65 m (Inschriftfeld); BH: 0.025-0.03 m

Felsinschrift auf geglätteter Fläche, darüber schildförmige Rundung (DM: 1.64 m). Kein Abklatsch, da unzugänglich.

'Ερμαῖος Αρτιμου Οσα=

2 ιμιος Αρτιμαν τὸν υἰὸν

φιλοστοργίας ἕνεκεν.

1 f. Zu Αρτιμας[8] und Οσαιμις vgl. ZGUSTA, *KPN* § 108-5 und 1118-1.

Durch das Nekropolengebiet rundum[9] ist naheliegend, daß es sich hierbei um eine Totenehrung handelt[10].

4 EHRUNG FÜR DEN ARCHIEREUS M. AVRELIVS KILIORTES
AUF GRUND EINES BESCHLUSSES VON RAT UND VOLK
(Inv.-Nr. 008/I)
Facs. 2 (links); *Photos* 4 und 8

Für FO, Maße, Form und Erhaltung siehe oben zu Nr. 2.

Die Inschrift ist von M. HARRISON in *CRAI* (1979) 237 ohne Textvorlage oder sonstige Details erwähnt*.

---

8 Abgeleitet vom griechischen Gottesnamen *Artemis* bzw. *Artimis*.
9 Überall sieht man Reste von Gräbern; vgl. auch unten Nr. 14, die am selben Ort gefunden wurde.
10 Für ein Grab bietet die Situation keinen Platz.
* **Nachträglicher Hinweis:** diese Inschrift sei vor kurzem in Ann Arbor gemeinsam mit unserer Nr. 2 in den Druck gegangen (mündliche Mitteilung Prof. HARRISONS während des Symposiums des Türkischen Kultusministeriums im Mai 1991 in Çanakkale). Da wir während der Vorbereitung unserer Texte darüber nicht informiert waren und über diese Veröffentlichung noch nicht genauer im Bilde sind, legen wir beide Inschriften auf Grund der hierzu bereits vorhandenen Erlaubnis des Museums von Antalya auch hier vor.

Βουλῆς   δήμου   δόγματι

2 τὸν ἀξιολογώτατον καὶ ἐνδοξό-
τατον καὶ εἰρήνης προστάτην, ἀρχι=

4 ερέα γενόμενον τοῦ ἀνεικήτου Σεβαστοῦ
καὶ τῶν ἐπιφανεστάτων Καισάρων καὶ πᾶσαν λει=

6 τουργείαν τελέσα(ντα) Μᾶρ(κον) Αὐρ(ήλιον) Κιλιορτην, υἱὸν τοῦ γε=
νομένου Μάρ(κου) Αὐρ(ηλίου) Ἑρμαίου Ασκουρεω[ς ca. 3-4]ΣΤΑΤΟΥ

8 [ca. 12   ]...Σ[.....]ΜΕΝΟ[= = =

6 ΤΕΛΕΣΑΣ (lapis).
7 ἐπι]στάτου ?

3 Die epigraphisch sonst nicht belegte Formulierung εἰρήνης προστάτης ist vielleicht identisch mit εἰρηνάρχης; zu Eirenarchen vgl. MAGIE, *Roman Rule* 647 f. u. 1514 f. (Anm. 46).

4 f. Konstantin I. mit seinen Söhnen; diese nicht detaillierte Formulierung läßt folgende, für die Datierung der Inschrift relevante Möglichkeiten zu:

= Konstantin I., Konstantin II. und Crispus zwischen 19. September 324[11] und 8. November 324[12], was am wenigsten wahrscheinlich ist;
= Konstantin I., Konstantin II., Crispus und Constantius II. zwischen 8. November 324 und März(?) 326[13];
= Konstantin I., Konstantin II. und Constantius II. zwischen März(?) 326 und 25. Dezember 333[14];
= Konstantin I., Konstantin II., Constantius II. und Constans I. zwischen 25. Dezember 333 und 22. Mai 337.

6 Zu Μᾶρ(κος) Αὐρ(ήλιος) Κιλιορτης[15] vgl. auch oben Nr. 2.

7 Vgl. die von M. HARRISON a. a. O. im Süden des Dorfes Ovacık gefundene Inschrift,

---

11 Verbannung des Licinnius, vgl. KIENAST, *Kaisertabelle* 290.
12 Erhebung Constantius' II. zum Caesar; vgl. DENS., a. a. O. 309.
13 Hinrichtung des Crispus, vgl. DENS., a. a. O. 302.
14 Erhebung Constans' I. zum Caesar; vgl. DENS., a. a. O. 307.
15 Daß es unter Konstantin I. noch Kaiserpriester gab, erklärt sich aus der Toleranz des Kaisers gegenüber der noch vorwiegend heidnischen Reichsbevölkerung, gegen die Zwang anzuwenden er vermied, um sie nicht zur Staatsfeindschaft zu treiben (vgl. Vita Constantini 1, 24; Ausg.: I. A. HEIKL, *GCS* 7 [1902]). Es war lediglich untersagt, den Kaisern zu opfern, wodurch auch für die Christen der Stein des Anstoßes beseitigt war.

einen Brief des τῶν φρουρείων δούξ an Ἑρμαῖος Ασκουρεως, den Vater des Κιλιορτης, in dem Ἑρμαῖος für seine Verdienste gelobt wird; zu dieser Inschrift vgl. auch *SEG* XXIX (1979) 1514 und *Bull.* (1980) 488. Der Personenname Ασκουρευς ist ansonsten nicht belegt. Es fragt sich, ob dieser nicht ein Ethnikon *pro nomine proprio* darstellt; dies würde bedeuten, daß die Familie des Κιλιορτης ursprünglich nicht aus der κώμη stammte, deren πρόοικος er war.

5 TOTENEHRUNG FÜR DEN DEKAPROTOS UND ZEUS-PRIESTER DIOGENES, SOHN DES SILLOAS, AUS TERPONELL-
(Inv.-Nr. 003)
Facs. 3; *Photos* 9-10

FO: im Feld von SÜLEYMAN DÖNMEZ in Çağıltemeller ca. 750 m südsüdwestlich vom Dorf Bayındır nahe Elmalı, als Spolie in der durch das Museum von Antalya ausgegrabenen Kapelle.

H: 1.19 m; B: 0.69 m (oben), 0.53 m (Mitte), unten nicht zugänglich; D: 0.64 m (oben), 0.52 m (Mitte), 0.65 m (unten); BH: 0.02-0.026 m

Basis aus Kalkstein, oben und unten Profil, oben Eckakrotere, in Z. 6 eine Rasur von 4 Buchstaben, hinten roh belassen. Abklatsch.

    Διογένην Σιλλοου τοῦ
2 Διογένους τοῦ Καπιλ-
    λου Τερπονελλέα δε-
4 καπρωτεύσαντα καὶ
    ἱερατεύσαντα τοῦ με-
6 γίστου θεοῦ ⟦Διὸς⟧ Ὀλυμ-
    πίου, περιτεθεικότα δὲ
8 καὶ στέφανον χρύσεον
    τῷ ἀγάλματι ὁλκῆς
10 χρυσῶν Ἰταλικῶν δε-
    καπέντε, Σιλλοας καὶ
12 Ἀπολλώνιος καὶ Αρτε-
    μεις ἡ καὶ Αφφια, οἱ Διο-
14 γένους Τερπονελλεῖς,
    τὸν ἑαυτῶν πατέρα
16 μνήμης ἕνεκεν.

1 ff. Der Name Σιλλοας[16] ist anderweitig nicht belegt; zu Καπιλλας vgl. auch A. S. HALL - J. J. COULTON, *Chiron* 20 (1990) 125, wo der Nominativ gesichert ist.

3 u.14 Es ist vorderhand nicht mit Sicherheit zu ermitteln, auf welchen Ort sich das Ethnikon Τερπονελλεύς bezieht; ca. 1 km (in Çakaltepe) und ca. 3,5 km nordwestlich des Fundortes befinden sich Spuren zweier(?), vielleicht eine Einheit bildender antiker Siedlungen, die mit Τερπονελλ-[17] gleichgesetzt werden könnten[18].

3 f. Zu den δεκάπρωτοι, die den *decempriml* in den westlichen Provinzen des römischen Reiches entsprechen, vgl. MAGIE, *Roman Rule* 648 u.1516 f. (Anm. 48).

6 Der Name des Gottes ist in christlicher Zeit eradiert worden; zu Ζεὺς ᾿Ολύμπιος vgl. auch unten Nr. 7.

7 ff. Διογένης schmückte die Statue des Gottes mit einem goldenen Kranz im Gewicht von 15 *aurei denarii*.

9 Zu ὁλκή, dem synonymen Ausdruck für Drachme bzw. für Denar als Gewicht, vgl. HULTSCH, *Metrologie* 132 (mit Anm. 3); DENS., *RE* V (1905) Sp. 1614 und H. CHANTRAINE, *RE* Suppl. XII (1970) Sp. 496 ff.

10 Gemeint ist χρυσοῦν δηνάριον = *aureus* (= 25 Silber-Denare), dazu vgl. HULTSCH, *RE* V (1905) Sp. 214.

12 f. Zu dem formal mit dem Namen der Göttin identischen und auch sonst öfters belegten epichorischen Namen Αρτεμεις vgl. ZGUSTA, *KPN* § 108-11 und Nachtrag S. 680; zu Αφφια vgl. DENS., a. a. O. § 66-51.

Wegen des Fehlens des Aureliergentiliziums wahrscheinlich noch vor der *Constitutio Antoniniana*.

---

[16] Zu den ähnlichen Namen vgl. ZGUSTA, *KPN* § 1425 mit Anm. 73.
[17] Die Endung des Nom. Sing., d.h. die Stammklasse, bleibt unsicher; zur Stammklasse vgl. auch unten Anm. 43.
[18] Vgl. unten die in derselben Kapelle gefundene Inschrift Nr. 6, in der dasselbe Ethnikon vorkommt; vgl. auch unten die Inschrift Nr. 15 (Grenzinschrift des Gebietes von Terponell-).

6 TOTENEHRUNG FÜR DEN VETERANEN IVLIVS AELIVS HERMAIOS AUS TERPONELL-
(Inv.-Nr. 004)
Facs. 4; *Photos* 11-12

FO: als Spolie in der Mauer gegenüber der Inschrift Nr. 5 (s. oben).

H: 1.64 m; DM: 0.67 m (oben), 0.71 m (unten); BH: 0.028-0.042 m

Säulenförmige Basis aus Kalkstein, Inschrift im oberen Drittel des Steines, an der Oberseite zwei Dübel-
löcher, Brüche an verschiedenen Stellen. Abklatsch.

'Ιούλιον Αἴλιον 'Ερμαῖον
2 Τερπονελλέα, οὐετρα-
νὸν στρατευσάμε-
4 νον, ἀνέστησαν
'Ιουλία Ουανα ἡ πρό-
6 τερον Ουανα Τερμιλου
Τερπειτὶς καὶ Τερπονελ-
8 λὶς, γυνὴ αὐτοῦ, καὶ
'Ιούλιος 'Αντώνιος ὁ πρό-
10 τερον Μάνης 'Ερμαίου δὶς
Τερπονελλεύς, ὁ υἱὸς αὐ-
12 τοῦ, καθὼς διετάξατο.

1 ff. 'Ιούλιος Αἴλιος 'Ερμαῖος absolvierte seinen Dienst in einer Auxiliarformation
(oder in der Flotte?)[19].

2, 7 f., 11 Zum Ethnikon Τερπονελλεύς bzw. Τερπονελλίς vgl. auch oben zu Nr. 5
und unten zu Nr. 15.

5 f. Zu den epichorischen Namen Ουανα, belegt auch als Ουαουα, und Τερμιλας[20]
vgl. ZGUSTA, *KPN* § 1142-1 und § 1537-1.

7 Vorderhand ist nicht zu ermitteln, auf welchen Ort sich das bisher nicht belegte
Ethnikon Τερπειτίς bezieht; Τερπειτ- war wohl Geburtsort der Ουανα.

---

[19] Es fragt sich, ob man Kleinasiaten, noch dazu binnenländische, zur Flotte abkommandiert hat; in der
Regel dienten in den beiden italischen Hochseeflotten Dalmatiner.
[20] Vgl. auch die weibliche Form Τερμιλα bei BEAN, *Journeys* 17 Nr. 31.

10 Zum kleinasiatischen Namen Μάνης vgl. ZGUSTA, *KPN* § 858-1; Fußn. 18 zu § 844-1; § 865-1 Anm.; § 865 Anm.; Fußn. 104 zu § 863; Fußn. 156 zu § 884-1; Fußn. 13 zu § 1197-1; Nachtrag S. 692.

Die Namensformulare des Ἑρμαῖος und seiner Gattin sowie seines Sohnes geben einige Rätsel auf. Während das Gentile Αἴλιος für eine Entlassung unter Antoninus Pius spricht, fragt es sich, woher das allen Dreien gemeinsame Gentile Ἰούλιος kommt. Denkbar wäre, daß Ἑρμαῖος, als Veteran bereits Αἴλιος Ἑρμαῖος, von einem Ἰούλιος adoptiert wurde; da seine Gattin und sein Sohn auf Grund der Neuregelung der Privilegien für entlassene Auxiliarsoldaten durch Antoninus Pius (ab 144) die *civitas R.* (und damit das Kaisergentile) nicht mehr erhielten[21], konnten sie römische Bürger nur *per adoptionem* ihres Gatten bzw. Vaters durch einen *civis R.* werden, der das Gentile *Iulius* führte; vom Kaiser mit dem *conubium* privilegiert war es Ἑρμαῖος offenbar möglich, auch seine Gattin und seinen Sohn in die *c. R.* überzuführen, ohne daß es einstweilen gelingt, den Rechtsvorgang im Einzelnen glaubhaft nachzuvollziehen. Die Neozivität von Gattin und Sohn spiegelt die zweimalige Betonung ihres früheren peregrinen Namensformulares[22].

7 WEIHUNG DES AVRELIVS TROKONDAS
AN ZEUS OLYMPIOS
(Inv.-Nr. 011)
Facs. 5; *Photos* 13-14

FO[23]: im Dorf Küçük-Sögle 13 km südöstlich von Elmalı, vermauert in der Gartenmauer des Imam-Hauses im Nordosten der Volksschule, wahrscheinlich aus dem Höyük ca. 500 m nordwestlich des Dorfes.

H: 0.97 m; B: 0.40 m; D: 0.40 m; BH: 0.016-0.036 m

Basis aus Kalkstein, unten Profil gebrochen, Brüche an verschiedenen Stellen. Abklatsch.

---

21 Vgl. ST. LINK, *ZPE* 63 (1986) 185 ff.
22 Vgl. Z. 9 f. u. 5 f.: ἡ bzw. ὁ πρότερον ...
23 Zum Fundort vgl. G. E. BEAN, The Site of Podalia. *AnzWien* 8 (1968) 157-163 (dazu *Bull.* [1970] 566); DENS., *Journeys* 28-32 Nr. 49-56 (dazu *Bull.* [1970] 566; ebd. [1972] 451; *AE* [1975] 816); zum antiken Podalia, das von BEAN mit Sögle identifiziert wurde, vgl. auch SH. JAMESON, *RE* Suppl. XIV (1974) Sp. 412 f.

Ἀγαθῇ Τύχῃ
2 Αὐρ(ήλιος) Τροκονδας δὶς
Ἑρμαγόρου, ἐπιμελητὴ-
4 ς πόρων τὸ β' · καὶ ἀμπελοφύλαξ ἱερατεύσας δὲ καὶ
6 Διὶ · Ὀλυμπίῳ ἐπὶ τῇ γενομένῃ αὐτοῦ εὐφορίᾳ Διὶ · ἐπη-
8 κόῳ εὐχήν.

2 Zum Namen Τροκονδας vgl. unten Nr. 14 mit Anm. 39.

3 f. Unklar bleibt, was mit ἐπιμελητὴς πόρων gemeint war; ob eine subalterne, lokale Funktion im römischen Steuerbereich?

4 f. Zu ἀμπελοφύλαξ ('Weinbergwächter') vgl. CGL.

6 ff. Zu Ζεὺς in Nord-Lykien NAOUR, Tyriaion 24 Nr. 5 (Ὀλύμπιος, μέγιστος) und 57 Anm. 125 (ἐπήκοος); zu Ζεὺς Ὀλύμπιος vgl. auch oben unsere Nr. 5. ἐπὶ τῇ γενομένῃ αὐτοῦ εὐφορίᾳ κτλ.: Trokondas dankt dem Gott, der ihn erhört hat, für Segen und Erfolg bei seiner Amtsführung.

8 WEIHUNG DES HERMAIOS, SOHN DES SELLIEISBOS,
UND SEINER GATTIN GES AN DIE DIOSKUREN
(Inv.-Nr. 019)
Facs. 6; Photos 15-16

FO: beim Dorf İslâmlar (= ehem. Dereboğaz) 18 km südwestlich von Elmalı, gefunden vom Muhtar EYÜP KOTRA in seinem Feld bei der südöstlichen Einfahrt ins Dorf (jetzt im Depot des Museums von Antalya in Elmalı).

H: 0.70 m; B: 0.98 m; D: 0.37 m; BH: 0.01-0.018 m

Unbearbeiteter Kalksteinblock, Darstellung der Dioskuren und der Helena, darunter die Inschrift. Abklatsch.

Ἑρμαῖος Σελλιεισβου
2 καὶ Γης, ἡ γυνὴ αὐτοῦ,
Διοσκόροις εὐχήν.

1 Der einheimische Name Σελλιεισβος ist bisher nicht belegt[24].

2 Zum Namen Γης vgl. ZGUSTA, *KPN* § 202-4.

3 Zu Weihungen an die Dioskuren in Lykien vgl. METZGER, *Catalogue* 22 ff., 64[25]; CHR. NAOUR, *ZPE* 22 (1976) 135 Nr. 30[26] (= DERS., *Tyriaion* 18 ff. Nr. 2)[27]; L. ROBERT, *BCH* 107 (1983) 553 ff.[28]

9 WEIHUNG DES OROMOS, SOHN DES STEPHANOS, AN HERAKLES
(Inv.-Nr. 013)
Facs. 7; *Photo* 17

FO: gefunden von MUHAMMED ERTUĞRUL am Hügel Küçükburun (= Kovanlıklıkaya) im Südosten des Dorfes Küçük-Söğle 13 km südöstlich von Elmalı (jetzt im Depot des Museums von Antalya in Elmalı).

H: 0.27 m; B: 0.13 m (oben), 0.15 m (unten); D: 0.095 m; BH: 0.011-0.02 m

Quader aus Kalkstein, unten Profil, oben zwei Akrotere (der linke gänzlich abgebrochen). Abklatsch.

$$\text{Ορομως}$$
$$2\quad \text{Στεφάνου}$$
$$\text{δὶς θεῷ Ἡρα-}$$
$$4\quad \text{κλεῖ εὐχήν.}$$

1 Der einheimische Name Ορομως ist bisher in dieser Form anderweitig nicht bekannt geworden[29].

3 f. Zu Herakles in Lykien vgl. *RE* Suppl. XIII (1973) Sp. 291; für den nördlichen Teil

---

[24] Vgl. den Namen Σελλις bei ZGUSTA, *KPN* § 1393; ZGUSTA führt im "Rückläufigen Index" von *KPN* 9 Namensbildungen an, die auf -βος enden.

[25] Siehe auch *RE* Suppl. XIII (1973) Sp. 291 f.

[26] Vgl. auch DENS., a. a. O. 129 f.

[27] Dazu *SEG* XXVI (1976-77) 1443.

[28] Dazu *AE* (1985) 817.

[29] Vgl. die Namen Ορρομ//ας// und Μως bei ZGUSTA, *KPN* § 1111 (vgl. dazu NAOUR, *Tyriaion* 20 f. zu Nr. 3: Ορρομους; diese Form auch in einer vor kurzem publizierten hellenistischen Verteilungsliste aus Balboura, vgl. A. S. HALL - J. J. COULTON, *Chiron* 20 [1990] 114, C, Z. 31) und 1003 (vgl. auch ZGUSTA, a. a. O. § 978 Anm., Fußn. 30 zu § 846, Interglosse 193).

Lykiens vgl. BEAN, *Journeys* 7 Nr. 1; NAOUR, *Tyriaion* 21 f. Nr. 4; zu weiteren Weihungen an Herakles vgl. METZGER, *Catalogue* 13 ff. des Museums Antalya.

10 WEIHUNG DES MOLESIS
AN DIE IM SELBEN HEILIGTUM VERSAMMELTEN GÖTTER
(Inv.-Nr. 022)
Photo 18

FO: am Hügel Aytaş ca. 1 km nordwestlich vom Dorf İslâmlar (= ehem. Dereboğaz) 18 km südwestlich von Elmalı, ca. 100 m südlich eines Baues, der als Heiligtum identifizierbar ist.

H: 0.45 m; B: 0.45 m; D: 0.40 m; BH: 0.015-0.02 m

Aus einem Felsen herausgearbeitete Basis von ungefähr prismatischer Form mit zwei Ansichtsseiten (in der linken die Inschrift), oben geglättet. Kein Abklatsch.

Μολεσις ...[
2   Εἰσιδιανοῦ Μολ(εσιος) θεοῖς
        συννάοις καὶ συμβώμοις
4   κατευχήν.

1 f. Zum Namen Μολεσις vgl. auch unten Nr. 13 und ZGUSTA, *KPN* § 946-7.

2 Der bisher unbekannte Name Εἰσιδιανός könnte eine Kombination des Gottesnamens Εἶσις bzw. Ἶσις mit dem lateinischen Suffix *-ianus*[30] sein.

2 f. Zu "θεοῖς συννάοις καὶ συμβώμοις" vgl. *CIG* 2230 (aus Chios) und *SIG* 1126.5 (aus Delos)[31].

11 GRAB DES LOUKIS ANTONIS AMADIMOTOS
UND DES KODLAPEIMIS (?)
(Inv.-Nr. 018)
Facs. 8; *Photos* 19-20

FO: am Süd-Abhang des Asartepe 3 km südlich vom Dorf Gümüşyaka (= ehem. Dire) Luftlinie ca. 13

---

[30] Zu diesem Suffix vgl. LEUMANN, *Laut-u.Formenlehre* § 295, 2.
[31] Vgl. auch *PapTeb* 281. 5.

km nordnordöstlich von Elmalı, in den Trümmern eines runden der dort befindlichen Grabbauten, die bereits durch Schatzsucher ausgegraben worden sind; im Norden des Fundortes Spuren einer antiken Siedlung (der FO befindet sich im Bereich deren Nekropole).

H: 0.76 m; DM: 0.55 m; BH: 0.02- 0.035 m

Oberteil einer Säule aus Kalkstein, oben Profil und ein rundes Eingußloch. Abklatsch.

Λοῦκις 'Αντῶνις

2 Αμαδιμο[τ]ος καὶ

Κοδλαπειμις

4 ΠΡΟ.[. .].ΜΕΣΙΚΙΟΣ

.[ ].ΤΗΣ.Ε.

6 [ ].ΑΝΤ.

1 f. Λοῦκις 'Αντῶνις = Λούκιος 'Αντώνιος; der einheimische Name Αμαδιμο[τ]ος scheint ansonsten nicht bekannt zu sein[32].

3 Zum Namen Κοδλαπειμις vgl. auch A. S. HALL - J. J. COULTON, *Chiron* 20 (1990) 112, A, Z. 6 (dort Κοδλαπημις).

Es ist nicht mit Sicherheit zu ermitteln, ob L. Antoni(u)s Amadimotos und Kodlap(e)imis Inhaber des Grabes waren, oder ob sie es (auch) für andere Personen errichtet haben.

12 MOLES, DEMETRIA, ARTEMIDEIS UND ARMASTA
ERRICHTEN IHREM VATER MOLES DAS GRAB
(Inv.-Nr. 012)
Facs. 9; *Photos* 21-22

FO[33]: im Dorf Küçük-Söğle 13 km südöstlich von Elmalı, vor dem Haus von GALİP YILMAZ, wahrscheinlich aus dem Höyük ca. 500 m nordwestlich des Dorfes.

H: 0.98 m; B: 0.62 m (oben), 0.64 m (unten); D: 0.31 m: BH: 0.011-0.02 m

Stele aus Kalkstein, oben Profil, im oberen Teil der Vorderseite zwei nebeneinander dargestellte Tänien (wahrscheinlich wurde die Darstellung eines Kranzes später durch Tilgung beseitigt). Abklatsch.

---

[32] Vgl. den Personennamen (fem.) Αμα bei ZGUSTA, *KPN* § 57-1; Fußn. 75 zu § 57-3; vgl. auch die Namen, die auf -διμοτος bzw. -διμωτος enden, ebd. § 1512-10 f.
[33] Zum Fundort vgl. oben Anm. 23.

Μολης καὶ Δημητρία
2 καὶ Αρτεμιδεις καὶ Αρμαστα,
[οἱ] Μολεους, Μολην τὸν πατέρα
4 [φι]λοστοργίας ἕνεκεν.

1 Zum Namen Μολης[34] vgl. ZGUSTA, *KPN* § 946-1.

2 Der vom griechischen Gottesnamen *Artemis* abgeleitete epichorische Name Αρτεμιδεις fehlt bei ZGUSTA, a. a. O.[35]; zu dem vom luwischen Gottesnamen *Arma* abgeleiteten[36] Personennamen Αρμαστα vgl. DENS., a. a. O. § 97-6[37].

Dem Buchstabencharakter zufolge gehört die Inschrift in (spät)hellenistische Zeit (1.Jhdt. v.Chr.?).

13 HERMAIOS, SOHN DES MOLESIOS, ERRICHTET SEINEN ZIEHELTERN, MOLESIS, SOHN DES ORESTES, UND DESSEN FRAU ABA, DAS GRAB
(Inv.-Nr. 017)
Facs. 10; *Photos* 23-24

FO: in den Trümmern eines runden Grabbaues auf der Ostseite von Nr. 11 (s. oben).

H: 0.72 m; DM: 0.54 m; BH: 0.014-0.047 m

Säule aus Kalkstein, unten an verschiedenen Stellen beschädigtes Profil, oben gebrochen, im Oberteil des Steines ein offenbar für eine Darstellung geschaffener Vorsprung, darunter die Inschrift, auf der Unterseite ein quadratisches Loch. Abklatsch.

Ἑρμαῖος Μολεσιου
2 Μολεσιν Ὀρέστου
τὸν ἑαυτοῦ τρέψαν-
4 [τ]α καὶ Αβαν τὴν ἑαυ-
[τ]οῦ τρέψασαν φι-
6 λ[ο]στοργείας καὶ

---

34 Wohl aus älterem Adjektiv *muwalla-* "mutig, beherzt o. ä." (Hinweis Prof. GÜNTER NEUMANNS).
35 ZGUSTA führt im "Rückläufigen Index" von *KPN* 76 Namensbildungen an, die auf -εις enden.
36 Hinweis Prof. NEUMANNS.
37 Varianten dieses Personennamens: Ερμαστα, Ηρμαστα, Ερμαιστα (Hinweis Prof. NEUMANNS).

μνήμης ἕνεκεν.

3 f. τρέψαν/[τ]α = θρέψαν/[τ]α (analog zum Präsensstamm)
5 τρέψασαν = θρέψασαν (analog zum Präsensstamm)

1 Der epichorische Name Μολεσιος ist eine ansonsten nicht bezeugte Variante des folgenden Personennamens Μολεσις.

2 Zu Μολεσις vgl. oben zu Nr. 10.

4 Zu Αβα vgl. ZGUSTA, *KPN* § 1-1.

14 TERBEMIS, SOHN DES TROKONDAS, ERRICHTET SEINER GATTIN OA DAS GRAB
(Inv.-Nr. 020)
Photo 25

FO: am Hügel Aytaş ca. 1 km nordwestlich vom Dorf İslâmlar (= ehem. Dereboğaz) 18 km südwestlich von Elmalı.

H: 1.52 m; B: 0.60 m (unten); D: 0.04-0.05 m; BH: ca. 0.02 m

In einen Felsen reliefartig eingegrabene Stele[38], oben und unten Profil, Inschrift im unteren Teil. Kein Abklatsch.

Τερ[β]ημις Τροκονδου Οαν
2 [?Κο]ττεους   Ἑρμαίου
γυναῖ[κ]α.   Θεᾷ.

1 Zu den epichorischen Namen Τερβημις, Τροκονδας[39] und Οα[40] vgl. ZGUSTA, *KPN* § 1600-7[41]; 1512-31 und 1129-2.

---

[38] Zu solchen Stelen vgl. BEAN, *Journeys* 26 f. (aus Güğü).

[39] In mehreren lautlichen Varianten im Süden Kleinasiens sehr verbreitet, zum Gottesnamen *Tarhunt-*, entweder in der Bedeutung "zum T. gehörend" oder geradezu identisch mit einer (thematisierten) Variante des Gottesnamens (Hinweis Prof. NEUMANNS).

[40] Daneben existiert die Variante Ουα (vgl. auch den Namen Ουανα [bzw. Ουαουα] oben in Nr. 6), *KPN* § 1129-3. Da im Griechischen der epichorische Konsonant *w* oft nicht geschrieben wird (vgl. das Nebeneinander von griech. Κοατα und lyk. χuwata [*KPN* § 640] usw.), könnte hier lyk. *uwa* "Rind" vorliegen wie schon im 2. Jtsd. im Personennamen *Uwa* (fem.), LAROCHE, *NH* Nr.1461 (Hinweis Prof. NEUMANNS).

[41] Vgl. auch BEAN, *Journeys* 26 Nr. 45.

2 Zum einheimischen Personennamen Κοττης vgl. DENS., a. a. O. § 707-4.

3 Zu fragen bleibt, welche Göttin gemeint ist[42].

15 GRENZINSCHRIFT DES GEBIETES VON TERPONEL(L)-
(Inv.-Nr. 016)
Photo 26

FO: in Yarangediği (in einer Seehöhe von ca. 1200 m) ca. 5 km nordwestlich des Dorfes Bayındır, am Wege zum Dorf Bozcabayır (ca. 10 km nördlich von Elmalı).

H: das ca. 0.70 m hohe Inschriftfeld beginnt ca. 1.50 m über dem heutigen Bodenniveau; B: ca. 1.80 m; BH: 0.125-0.22 m

Felsinschrift, oberhalb der Inschrift Reste zweier Kreuze, auch am Anfang von Z. 1 Rest eines Kreuzes. Kein Abklatsch.

"Ορος
2   Φιλιπέων [καὶ?]
Τερπονελέων.

Es handelt sich entweder um zwei Ethnika bzw. die Namen zweier Orte, deren Territorien hier aneinandergrenzten, oder aber Τερπονελ(λ)- führte den Beinamen Φιλιπ(π)-[43]. Wenn ersteres zutrifft, könnte die Siedlung der Φιλιππεῖς dort gelegen haben, wo ca. 2 km nördlich des Fundortes der "Ορος-Inschrift antike Bewohnungsspuren erkennbar sind. Was die Lage von Τερπονελ(λ)- betrifft, so kommen zwei ca. 3 bzw. 5,5 km süd-östlich gelegene, vielleicht eine Einheit bildende Siedlungsplätze[44] in Frage, deren Überreste noch deutlich sichtbar sind[45].

---

[42] Vgl. BEAN, *Journeys* 15 f. Nr. 25; 26 f. Nr. 45: "θεοῖς". Das Grab war einer nicht näher genannten, den Zeitgenossen offenbar geläufigen weiblichen Gottheit zum Schutze anvertraut.

[43] Dann wohl von Alexander d. Gr. zu Ehren seines Vaters so genannt. Der Ortsname könnte auch ein *plurale tantum* sein. Zu fragen bliebe dann, warum die Leute aus dieser Stadt in unseren Nummern 5 und 6 bloß als Τερπονελλεῖς bezeichnet werden.

[44] Diese lassen sich gegeneinander nur vage abgrenzen; es könnten auch drei (oder noch mehr kleinere) Siedlungsplätze sein.

[45] Vgl. den Fundort der Inschriften Nr. 5 und 6 (siehe die Faltkarte), in denen gleichfalls das Ethnikon Τερπονελλεύς erscheint.

ABKÜRZUNGSVERZEICHNIS

AE	=	L'Année Épigraphique. Paris.
AnzWien	=	Anzeiger der Österreichischen Akademie der Wissenschaften in Wien. Philosophisch-historische Klasse. Wien.
AthMitt	=	Mitteilungen des Deutschen Archäologischen Instituts. Athenische Abteilung. Stuttgart.
BCH	=	Bulletin de Correspondance Hellénique. Paris.
BEAN, *Journeys*	=	G. E. BEAN, *Journeys in Northern Lycia 1965-1967*. Wien 1971.
BSA	=	Annual of the British School at Athens. London.
Bull.	=	Bulletin Épigraphique (in der Revue des Études Grecques. Paris).
CGL	=	Corpus Glossariorum Latinorum, a G. LOEWE incohatum. Hg. von G. LOEWE, G. GOETZ und F. SCHOELL. Leipzig 1888-1924 (Nachdr. Amsterdam 1964).
Chiron	=	Chiron. Mitteilungen der Kommission für Alte Geschichte und Epigraphik des Deutschen Archäologischen Instituts. München.
CIG	=	Corpus Inscriptionum Graecarum. Berlin.
CRAI	=	Comptes Rendus des Séances. Académie des Inscriptions et Belles Lettres. Paris.
GCS	=	Die griech. christlichen Schriftsteller der ersten Jahrhunderte. Leipzig/Berlin.
HULTSCH, *Metrologie*	=	FR. HULTSCH, *Griechische und Römische Metrologie*. Berlin 1882.
JHS	=	Journal of Hellenic Studies. London.

JONES-MARTINDALE-MORRIS   =   A.H.M. JONES - J.R. MARTINDALE - J. MORRIS, *The Prosopography of the Later Roman Empire* I. Cambridge 1971.

JRS   =   Journal of Roman Studies. London.

KIENAST, *Kaisertabelle*   =   D. KIENAST, *Römische Kaisertabelle*. Darmstadt 1990.

LAROCHE, *NH*   =   E. LAROCHE, *Les Noms des Hittites*. Paris 1966.

LEUMANN, *Laut- u. Formenlehre*   =   M. LEUMANN, *Lateinische Laut- und Formenlehre*. München 1977.

MAGIE, *Roman Rule*   =   D. MAGIE, *Roman Rule in Asia Minor to the End of the third Century after Christ* I-II. Princeton 1950 (Nachdr. New York 1975).

METZGER, *Catalogue*   =   H. METZGER, *Catalogue des Monuments Votifs du Musée d'Adalia*. Paris 1952.

NAOUR, *Tyriaion*   =   CH. NAOUR, *Tyriaion en Cabalide: épigraphie et géographie historique*. Zutphen 1980.

PapTeb   =   Tebtunis Papyri. Hg. von B.P. GRENFELL, A.S. HUNT, J.G. SMYLY, E.J. GOODSPEED. London/New York 1902-1938.

RE   =   Paulys Realencyclopädie der classischen Altertumswissenschaft. Stuttgart.

SEG   =   Supplementum Epigraphicum Graecum. Leiden.

SIG   =   Sylloge Inscriptionum Graecarum. Hg. von W. DITTENBERGER. Leipzig 1883, 1915-24[3] (Nachdr. Hildesheim 1960).

TAM II,3   =   Tituli Asiae Minoris collecti et editi auspiciis Academiae Litterarum Vindobonensis, vol.II: Tituli Lyciae linguis Graeca et Latina conscripti, fasc. III: Regiones montanae a valle Xanthi fluminis ad oram orientalem. Hg. von E. KALINKA. Wien 1944.

ZGUSTA, *KPN*   =   L. ZGUSTA, *Kleinasiatische Personennamen*. Prag 1964.

ZPE   =   Zeitschrift für Papyrologie und Epigraphik. Bonn.

EPIGRAPHISCHER INDEX DER NAMEN
(Die angegebenen Nummern entsprechen denen der vorgelegten Inschriften)

Götternamen:

Διόσκοροι, 8
Ζεὺς Ὀλύμπιος, 7
ὁ μέγιστος θεὸς ⟦Ζεὺς⟧ Ὀλύμπιος, 5
θεὸς Ἡρακλῆς, 9

Römische Kaiser:

VALERIANVS:
Αὐτοκράτωρ [Κ]αῖσαρ Πούβλιος Λικίννιος Οὐαλεριανὸς εὐσεβὴς εὐτυχὴς Σεβαστός, 1

GALLIENVS:
Αὐτοκράτωρ [Κ]αῖσαρ Πούβλιος Λικίννιος Γαλλιηνὸς εὐσεβὴς εὐτυχὴς Σεβαστός, 1

CONSTANTINVS I.:
ὁ ἀνείκητος Σεβαστός, 4

CONSTANTINVS II.:
ὁ ἐπιφανὴς Καῖσαρ, 4

CONSTANTIVS II.:
ὁ ἐπιφανὴς Καῖσαρ, 4

Personennamen:

Abkürzungen:
- ἀ. ἀνήρ
- ἀδ. ἀδελφός, ἀδελφή
- γ. γυνή

ἔ.   ἔκγονος
μ.   μήτηρ
π.   πατήρ
τ.   τέκνον
τρ.   τρέψας, τρέψασα

Αβα, 13
   ἀ.· Μολεσις Ὀρέστου

Αἴλιος
⟩ ⟩ ⟩   Ἰούλιος Αἴ. Ἑρμαῖος Τερπονελλεύς

Αμαδιμο[τ]ος
⟩ ⟩ ⟩   Λοῦκις Ἀντῶνις Α.

Αντώνιος
⟩ ⟩ ⟩   Ἰούλιος Ἀ. ὁ πρότερον Μάνης Ἑρμαίου δὶς Τερπονελλεύς

Λοῦκις Ἀντῶνις Αμαδιμο[τ]ος, 11

Ἀπολλώνιος Διογένους Τερπονελλεύς, 5
   π.· Διογένης Σιλλοου τοῦ Διογένους τοῦ Καπιλλου Τερπονελλεύς
   ἀδ.· Αρτεμεις ἡ καὶ Αφφια Διογένους Τερπονελλίς
   ἀδ.· Σιλλοας Διογένους Τερπονελλεύς

Αρμαστα Μολεους, 12
   ἀδ.· Αρτεμιδεις Μολεους
   ἀδ.· Δημητρία Μολεους
   ἀδ.· Μολης Μολεους

Αρτεμεις
⟩ ⟩ ⟩   Αὐρ(ηλία) Α.

Αρτεμεις ἡ καὶ Αφφια Διογένους Τερπονελλίς, 5
   π.· Διογένης Σιλλοου τοῦ Διογένους τοῦ Καπιλλου Τερπονελλεύς
   ἀδ.· Ἀπολλώνιος Διογένους Τερπονελλεύς
   ἀδ.· Σιλλοας Διογένους Τερπονελλεύς

Αρτεμιδεις Μολεους, 12
   ἀδ.· Αρμαστα Μολεους
   ἀδ.· Δημήτρία Μολεους
   ἀδ.· Μολης Μολεους

Αρτιμας, 3
   π.· Ἑρμαῖος Αρτιμου Οσαιμιος

Αρτιμας Οσαιμιος, 3
   τ.· Ἑρμαῖος
Ασκουρευ[ς], 4 (vgl. auch den Index der geographischen Namen)
   τ.· Μᾶρ(κος) Αὐρ(ήλιος) Ἑρμαῖος
   ἔ.· Μᾶρ(κος) Αὐρ(ήλιος) Κιλιορτης = Κιλιορτης

Μᾶρ(κος) Αὐρ(ήλιος) Ἑρμαῖος Ασκουρεω[ς], 4
   τ.· Μᾶρ(κος) Αὐρ(ήλιος) Κιλιορτης = Κιλιορτης

Μᾶρ(κος) Αὐρ(ήλιος) Κιλιορτης = Κιλιορτης, 2, 4
    π.· Μᾶρ(κος) Αὐρ(ήλιος) Ἑρμαῖος Ασκουρεω[ς]

Αὐρ(ήλιος) Τροκονδας δὶς Ἑρμαγόρου, 7

ἡ καὶ Αφφια
〉〉〉 Αρτεμεις ἡ καὶ Α.

Γης, 8
    ἀ.· Ἑρμαῖος Σελλιεισβου

Δημητρία Μολεους, 12
    ἀδ.· Αρμαστα Μολεους
    ἀδ.· Αρτεμιδεις Μολεους
    ἀδ.· Μολης Μολεους

Διογένης Καπιλλου, 5
    τ.· Σιλλοας

Διογένης Σιλλοου τοῦ Διογένους τοῦ Καπιλλου Τερπονελλεύς, 5
    τ.· Ἀπολλώνιος Τερπονελλεύς
    τ.· Αρτεμεις ἡ καὶ Αφφια Τερπονελλίς
    τ.· Σιλλοας Τερπονελλεύς

Εἰσιδιανὸς Μολ(εσιος), 10
    ἔ.· Μολέσις ...[---]

Ἑρμαγόρας, 7
    τ.· Τροκονδας

Ἑρμαῖος, 6
    τ.· Ἑρμαῖος = Ἰούλιος Αἴλιος Ἑρμαῖος Τερπονελλεύς

Ἑρμαῖος, 14
    τ.· [?Κο]ττης

Ἑρμαῖος
〉〉〉 Αὐρ(ήλιος) Ἑ.

Ἑρμαῖος
〉〉〉 Μᾶρ(κος) Αὐρ(ήλιος) Ἑ. Ασκουρεω[ς]

Ἑρμαῖος Αρτιμου Οσαιμιος, 3
    τ.· Αρτιμας

Ἑρμαῖος δίς
〉〉〉 Ἰούλιος Αἴλιος Ἑ. Τερπονελλεύς

Ἑρμαῖος Μολεσιου, 13
    τρ.· Μολεσις Ὀρέστου
    τρ.· Αβα

Ἑρμαῖος Σελλιεισβου, 8
    γ.· Γης

Εὐήθιος
〉〉〉 Οὐαλ(έριος) Εὐ.

Ἰουλία Οὐαυα ἡ πρότερον Οὐαυα Τερμιλου Τερπειτὶς καὶ Τερπονελλίς, 6
    ἀ.· Ἰούλιος Αἴλιος Ἑρμαῖος Τερπονελλεύς
    τ.· Ἰούλιος Ἀντώνιος ὁ πρότερον Μάνης Ἑρμαίου δὶς Τερπονελλεύς

Ἰούλιος Αἴλιος Ἑρμαῖος Τερπονελλεύς = Ἑρμαῖος δίς, 6
    γ.· Ἰουλία Οὐαυα ἡ πρότερον Οὐαυα Τερμιλου Τερπειτὶς καὶ
        Τερπονελλίς
    τ.· Ἰούλιος Ἀντώνιος ὁ πρότερον Μάνης Ἑρμαίου δὶς Τερπονελλεύς

Ἰούλιος Ἀντώνιος ὁ πρότερον Μάνης Ἑρμαίου δὶς Τερπονελλεύς, 6
    μ.· Ἰουλία Οὐαυα ἡ πρότερον Οὐαυα Τερμιλου Τερπειτὶς καὶ
        Τερπονελλίς

Καπιλλας, 5
    τ.· Διογένης

Κιλιορτης = Μᾶρ(κος) Αὐρ(ήλιος) Κιλιορτης, 2, 4
    π.· Μᾶρ(κος) Αὐρ(ήλιος) Ἑρμαῖος Ασκουρεω[ς]

Κοδλαπειμις, 11

[?Κο]ττης Ἑρμαίου, 14
    τ.· Οα

Κράτερος
    ⟩⟩⟩ Αὐρ(ήλιος) Κρ.

ὁ πρότερον Μάνης
    ⟩⟩⟩ Ἰούλιος Ἀντώνιος ὁ πρ. Μ. Ἑρμαίου δὶς Τερπονελλεύς

Μολεσιος, 13
    τ.· Ἑρμαῖος

Μολεσις Ὀρέστου, 13
    γ.· Αβα

Μολεσις ...[---] Εἰσιδιανοῦ Μολ(εσιος), 10

Μολ(εσις), 10
    τ.· Εἰσιδιανός

Μολης, 12
    τ.· Αρμαστα
    τ.· Αρτεμιδεις
    τ.· Δημητρία
    τ.· Μολης

Μολης Μολεους, 12
    ἀδ.· Αρμαστα Μολεους
    ἀδ.· Αρτεμιδεις Μολεους
    ἀδ.· Δημητρία Μολεους

Οα [?Κο]ττεους Ἑρμαίου, 14
    ἀ.· Τερ[β]ημις Τροκονδου

Ὀρέστης, 13

τ.· Μολεσις

Ορομως Στεφάνου δίς, 9

Οσαιμις, 3
   τ.· Αρτιμας

Οὐαλ(έριος) Εὐήθιος, 2

Ουαυα
⟩ ⟩ ⟩ ᾽Ιουλία Ου. ἡ πρότερον Ουαυα Τερμιλου Τερπειτὶς καὶ Τερπονελλίς
ἡ πρότερον Ουαυα
⟩ ⟩ ⟩ ᾽Ιουλία Ουαυα ἡ πρ. Ου. Τερμιλου Τερπειτὶς καὶ Τερπονελλίς

Σελλιεισβος, 8
   τ.· ῾Ερμαῖος

Σιλλοας Διογένους Τερπονελλεύς, 5
   π.· Διογένης Σιλλοου τοῦ Διογένους τοῦ Καπιλλου Τερπονελλεύς
   ἀδ.· ᾽Απολλώνιος Διογένους Τερπονελλεύς
   ἀδ.· Αρτεμεις ἡ καὶ Αφφια Διογένους Τερπονελλίς

Σιλλοας Διογένους τοῦ Καπιλλου, 5
   τ.· Διογένης

Στέφανος, 9
   τ.· Στέφανος

Στέφανος δίς, 9
   τ.· Ορομως

Τερ[β]ημις Τροκονδου, 14
   γ.· Οα [?Κο]ττεους ῾Ερμαίου

Τερμιλας, 6
   τ.· ᾽Ιουλία Ουαυα ἡ πρότερον Ουαυα Τερπειτὶς καὶ Τερπονελλίς

Τροκονδας, 14
   τ.· Τερ[β]ημις

Τροκονδας
⟩ ⟩ ⟩ Αὐρ(ήλιος) Τρ.

Τροκονδας
⟩ ⟩ ⟩ Αὐρ(ήλιος) Τρ. δὶς ῾Ερμαγόρου

Τροκονδας ῾Ερμαγόρου, 7
   τ.· Αὐρ(ήλιος) Τροκονδας

Geographische Namen:

A- (weitere 3-4 Buchstaben), 2

Ασκουρ- (?), 4

Ῥαληστ-, vgl. unten Τητερμησ-
Τερπειτ-, 6
Τερπονελλ-, 5, 6
Τερπονελ(λ)-, 15
Τητερμησ- Ῥαληστ-, 2
Φιλιπ(π)-, 15

EPIGRAPHISCHER WORTINDEX
(Die angegebenen Nummern entsprechen denen der vorgelegten Inschriften)

ἀγαθῇ τύχῃ, 7
ἄγαλμα, 5
ἀμπελοφύλαξ, 7
ἀνείκητος, 4
ἀνίστημι, 6
ἀξιόλογος, 4
ἀποικία, 2
ἀρχιερεύς, 4
βουλή, 4
γίγνομαι, 4, 7
γυνή, 6, 8, 14
δεκαπρωτεύω, 5
δῆμος, 4
διατάσσω, 6
δόγμα, 4
εἰρήνη, 4
ἔνδοξος, 4
ἕνεκεν, 3, 5, 13
ἕνεκεν, 12
ἔπαρχος, 2
ἐπειδή, 2
ἐπήκοος, 7
ἐπιμελητής, 7
ἐπιπολάζω, 2
ἐπιφανής, 4
εὐσεβής, 1
εὐτυχής, 1
εὐφορία, 7

εὐχή, 8, 9
εὐχή, 7
θεά, 14
θεός, 5, 8, 9, 10
ἱερατεύω, 5, 7
Ἰταλικός, 5
καθώς, 6
κατευχή, 10
κώμη, 2
λειτουργεία, 4
μέγας, 5
μνήμη, 5, 13
ὁλκή, 5
ὅρος, 15
οὐετρανός, 6
πᾶς, 4
πατήρ, 5
πατήρ, 12
περιτίθημι, 5
πόρος, 7
πρόοικος, 2
προστάτης, 4
πρότερον, 6
πυνθάνομαι, 2
στέφανος, 5
στρατεύω, 6
σύμβωμος, 10
συλλαμβάνω, 2

σύνναος, 10
σύστημα, 2
τελέω, 4
τρέφω, 13
τύχη, 7
ὑπολείπω, 2
υἱός, 3, 4, 6
φιλ[ο]στοργεία, 13
φιλοστοργία, 3
[φι]λοστοργία, 12
χαίρω, 2
χρυσοῦς, 5

VERZEICHNIS DER FACSIMILIA UND PHOTOS

FACSIMILIA

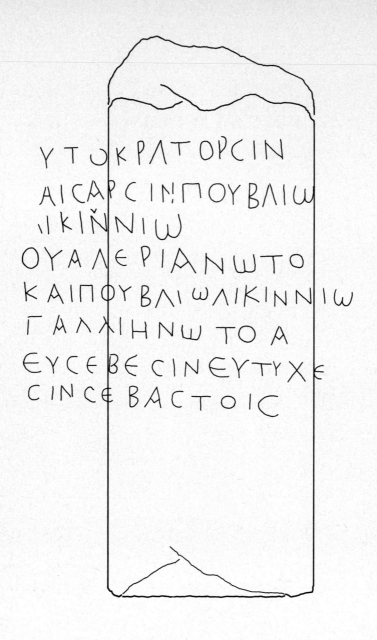

[Α]ΥΤΟΚΡΑΤΟΡΣΙΝ
[Κ]ΑΙΣΑΡΣΙΝ ΠΟΥΒΛΙΩ
[Λ]ΙΚΙΝΝΙΩ
ΟΥΑΛΕΡΙΑΝΩ ΤΟ
ΚΑΙ ΠΟΥΒΛΙΩ ΛΙΚΙΝΝΙΩ
ΓΑΛΛΙΗΝΩ ΤΟ Α
ΕΥΣΕΒΕΣΙΝ ΕΥΤΥΧΕ
ΣΙΝ ΣΕΒΑΣΤΟΙΣ

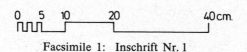

0 5 10   20   40 cm.

Facsimile 1: Inschrift Nr. 1

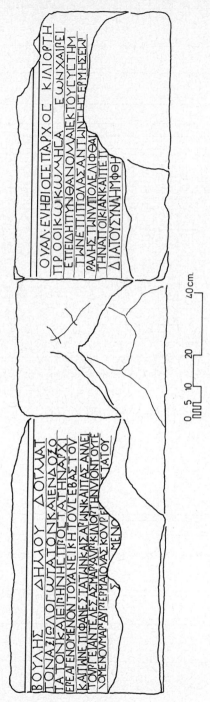

Facsimile 2: Inschrift Nr. 2 und 4

Facsimile 3: Inschrift Nr. 5

ΙΟΥΛΙΟΝΑΙΛΙΟΝΕΡΜΑΙΟΝ
ΤΕΡΠΟΝΕΛΛΕΑΟΥΕΤΡΑ
ΝΟΝ ΣΤΡΑΤΕΥΣΑΜΕ
ΝΟΝ ΑΝΕΣΤΗΣΑΝ
ΙΟΥΛΙΑ ΟΥΑΥΑ ΗΠΡΟ
ΤΕΡΟΝΟΥΑΥΑΤΕΡΜΙΛΟΥ
ΤΕΡΠΕΙΤΙΣ ΚΑΙ ΤΕΡΠΟΝΕΛ
ΛΙΣ ΓΥΝΗΑΥΤΟΥ ΚΑΙ
ΙΟΥΛΙΟΣ ΑΝΤΩΝΙΟΣΟΠΡΟ
ΤΕΡΟΝΜΑΝΣΕΡΜΑΙΟΥΔΙΣ
ΤΕΡΠΟΝΕΛΛΕΥΣ ΟΥΙΟΣΑΥ
ΤΟΥ ΚΑΘΩΣ ΔΙΕΤΑΞΑΤΟ

0 5 10   20   40cm.

Facsimile 4: Inschrift Nr. 6

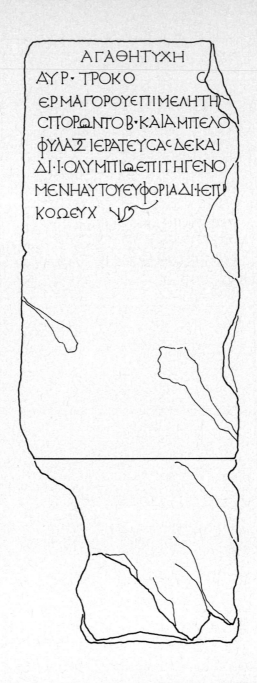

ΑΓΑΘΗΤΥΧΗ
ΑΥΡ·ΤΡΟΚΟ   C
ΕΡΜΑΓΟΡΟΥΕΠΙΜΕΛΗΤΗ
CΠΟΡΩΝΤΟΒ·ΚΑΙΑΜΠΕΛΟ
ΦΥΛΑΣΙΕΡΑΤΕΥCΑC ΔΕΚΑΙ
ΔΙ·Ι·ΟΛΥΜΠΙΩΕΠΙΤΗΓΕΝΟ
ΜΕΝΗΑΥΤΟΥΕΥΦΟΡΙΑΔΙ·ΙΕΠ
ΚΟΩΕΥΧ

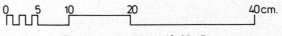

Facsimile 5: Inschrift Nr. 7

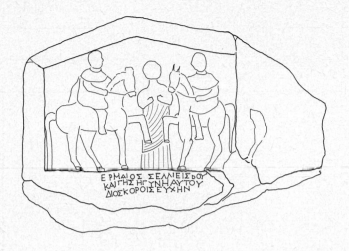
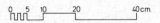

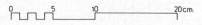

Facsimile 6: Inschrift Nr. 8

Facsimile 7: Inschrift Nr. 9

ΛΟΥΚΙΣ ΑΝΤΩΝΙΣ
ΑΛΙΜΟ ΟΣ ΚΑΙ
ΟΔΛΑΠΕΙΜ Σ
ΡΟ   ΜΕΣΙΚΙ Σ
        ΤΗΣ Ε
        ΑΝΤ

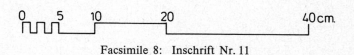

0   5   10   20   40 cm.

Facsimile 8: Inschrift Nr. 11

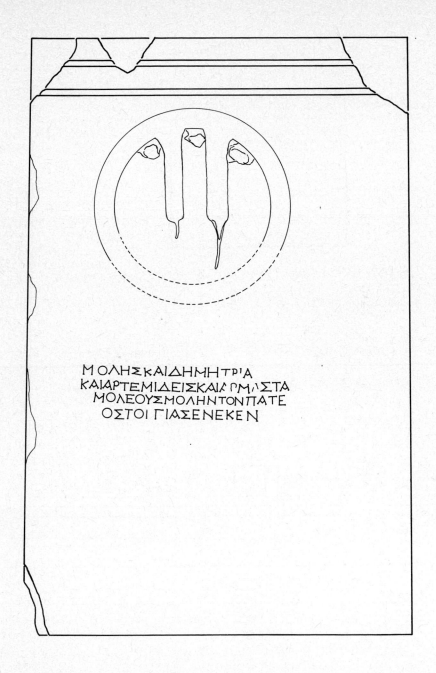

ΜΟΛΗΣΚΑΙΔΗΜΗΤΡΙΑ
ΚΑΙΑΡΤΕΜΙΔΕΙΣΚΑΙ ΡΜΛΣΤΑ
ΜΟΛΕΟΥΣΜΟΛΗΝΤΟΝΠΑΤΕ
ΟΣΤΟΙ ΓΙΑΣΕΝΕΚΕΝ

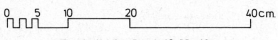

Facsimile 9:   Inschrift Nr. 12

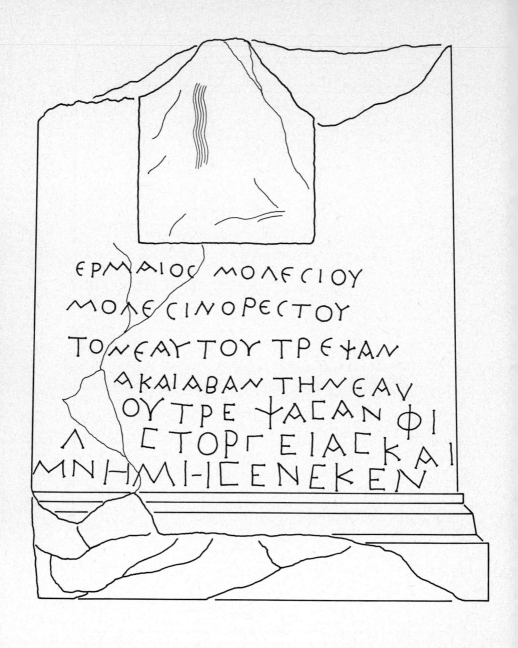

ΕΡΜΑΙΟϹ ΜΟΛΕϹΙΟΥ
ΜΟΛΕϹΙΝΟΡΕϹΤΟΥ
ΤΟΝΕΑΥΤΟΥ ΤΡΕΨΑΝ
ΑΚΑΙΑΒΑΝΤΗΝΕΑΥ
ΟΥΤΡΕΨΑϹΑΝΦΙ
Λ ϹΤΟΡΓΕΙΑϹΚΑΙ
ΜΝΗΜΙ-ΙϹΕΝΕΚΕΝ

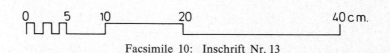

Facsimile 10: Inschrift Nr. 13

PHOTOS

Photo 1: Inschrift Nr. 1

Photo 2: Inschrift Nr. 1

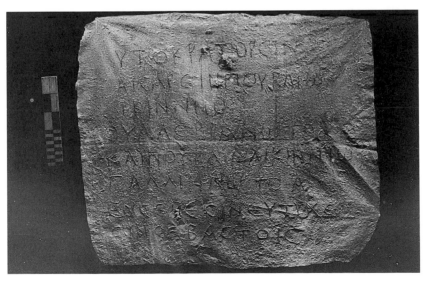

Photo 3: Inschrift Nr. 1

Photo 4: Inschriften Nr. 2 und 4

Photo 5: Inschrift Nr. 2

Photo 6: Inschrift Nr. 3   Photo 7: Inschrift Nr. 3

Photo 8: Inschrift Nr. 4

Photo 9: Inschrift Nr. 5

Photo 10: Inschrift Nr. 5

Photo 11: Inschrift Nr. 6

Photo 12: Inschrift Nr. 6

Photo 13: Inschrift Nr. 7 (verkehrt eingemauert)

Photo 14: Inschrift Nr. 7

Photo 15: Inschrift Nr. 8

Photo 16: Inschrift Nr. 8

Photo 17: Inschrift Nr. 9

Photo 18: Inschrift Nr. 10

Photo 19: Inschrift Nr. 11

Photo 20: Inschrift Nr. 11

Photo 21: Inschrift Nr. 12

Photo 22: Inschrift Nr. 12

Photo 13: Inschrift Nr. 7 (verkehrt eingemauert)

Photo 24: Inschrift Nr. 13

Photo 25: Inschrift Nr. 14

Photo 26: Inschrift Nr. 15